TESTAMENT

DE

JOURDAN RIQUIERI

AU XIIme SIÈCLE

PAR

le Comte CAÏS DE PIERLAS

NICE
IMPRIMERIE ET LITHOGRAPHIE MALVANO-MIGNON
62, RUE GIOFFREDO, 62

1888

TESTAMENT

DE

JOURDAN RIQUIERI

AU XIIme SIÈCLE

TESTAMENT

DE

JOURDAN RIQUIERI

AU XIIme SIÈCLE

PAR

le Comte CAÏS DE PIERLAS

NICE

IMPRIMERIE ET LITHOGRAPHIE MALVANO-MIGNON

62, RUE GIOFFREDO, 62

1888

TESTAMENT DE JOURDAN RIQUIERI

AU XIIme SIÈCLE

par le Comte **CAÏS DE PIERLAS**

Ce document inédit porte la date du 16 octobre 1198 et contient les dispositions testamentaires de Jourdan Riquieri, citoyen niçois, quoique, à cette époque, le testateur soit éloigné de son pays et établi dans la ville de Gênes, où il possède de grands biens et une très haute position. Il est intéressant, à ce propos, d'étudier les circonstances politiques qui poussèrent la famille Riquieri à se mettre sous l'égide de la République génoise et comment, par la grande influence dont elle disposait dans le XIIme et le XIIIme siècle, elle faillit réussir à changer complètement les destinées de notre pays et à l'enlever à la suzeraineté des comtes de Provence.

Nous verrons les Riquieri, malgré leur origine provençale, résider pendant longtemps dans ces deux pays et y garder des relations ; nous en trouverons une preuve certaine dans ce testament, important pour l'histoire de Nice, dans les faits notables qui se rattachent à la généalogie de cette ancienne famille et surtout aux trois personnages historiques qui portèrent le prénom de Jourdan.

Le nom des Riquieri paraît pour la première fois à Nice dans la mention donnée par Gioffredo d'une très ancienne charte de la cathédrale, qui contenait la donation de Villevieille de Châteauneuf faite en 1109 ; nous y voyons parmi les assistants un *Richiero*, désigné sans aucun prénom.

Un demi-siècle plus tard, en 1152, un fragment original du vieux cartulaire de la même cathédrale, que nous avons trouvé aux archives de Turin, comme une épave au milieu des chartes et des documents regardant la Principauté de Monaco, nous indique l'existence d'un *Jordanus Richerius;* il est témoin dans l'arbitrage de Guillaume, archevêque d'Embrun, au sujet d'une terre sise à Cimiez (*Chimela*), que le chapitre de Nice avait vendue à certains frères Guillaume Marin.

Nous avons pareillement retrouvé à Nice la copie d'un autre acte de la même année, ayant trait aux droits de la cathédrale et précisément à la dîme qui était due sur les produits de la pêche; un des témoins est Jourdan Riquieri, on le qualifie de frère de Guillaume.

Une troisième charte, également inédite et de la même année, nous apprend mieux ce qu'étaient Jourdan et Guillaume Riquieri. Cette charte originale, que nous comptons bientôt publier dans un ouvrage plus important sur les Alpes-Maritimes, contient la convention passée en 1152 entre Arnaud, évêque de Nice, et Laugier de Gréolières; or, dans l'énumération des vassaux parvenus à l'église de Nice par la famille de Gréolières, se trouvent en tête les Riquieri. *Isti sunt homines quos Laugerius de Graoleriis tenet pro ecclesia et Episcopo Nicensi : Jordanus et frater eius Guillemus Richerii et nepotes eorum Bertrandus et Petrus*. Parmi ces vassaux de l'église, au nombre de soixante-dix, se trouvent Foulque

Badat et Raimond Serena, consuls de Nice dans ce même acte de transaction, Pons Gisberni, consul en 1158, Foulque Travache, etc.

Ce premier Jourdan Riquieri, dont la position à Nice nous est parfaitement indiquée par cet acte, ce vassal de l'évêque et des Gréolières, est l'oncle d'un autre Jourdan Riquieri, fils de Guillaume, que nous allons trouver dans quelques années seigneur d'Eze, possédant de grandes richesses à Nice et à Gênes, faisant son testament en l'année 1198.

Si nous ouvrons l'histoire des Alpes-Maritimes de Gioffredo, nous voyons en 1164 son frère, Guillaume Riquieri, qui faisait partie du gouvernement communal de Nice, cité comme assistant à la cession des droits sur Drap par Guillaume de Saint-Alban. La famille Riquieri était donc complètement niçoise à cette époque.

Mais bientôt vint la période de l'histoire de Nice qui a été la plus orageuse et qui encore à présent est la plus difficile à comprendre.

Notre pays paraît avoir voulu alors se soustraire à la domination des comtes de Provence.

Etait-ce bien l'esprit d'indépendance, comme ont eu l'air de le croire les historiens provençaux et niçois? N'est-ce pas plutôt l'intérêt personnel et l'influence génoise qui faisaient naître ces velléités de rébellion, au moment où cette influence à la fois commerciale et militaire s'étendait sur tout le littoral, *de Lerici à Turbia,* cherchant à aller jusqu'au Var et même au delà?

Il est prouvé, comme nous allons le voir, que les Riquieri ont été dès lors gagnés à la cause des Génois et qu'ils ont su habilement profiter des troubles de la Provence pour agir dans notre ville en leur faveur.

L'investiture du comté de Forcalquier, accordé par

l'empereur Frédéric d'abord à Raimond Bérenger le 17 août 1162, puis à Guillaume de Forcalquier le 21 juin 1164, mit en armes toute la Provence. Raimond Bérenger, en 1165, s'allia au comte de Toulouse. Les Niçois se révoltèrent, paraît-il, contre leur suzerain, qui marcha sur Nice. Nous le trouvons en 1166 à Grasse, entouré de ses fidèles, le comte de Vintimille hostile aux Génois, les Simiane, les de Grasse, les Porcellet ; point de Niçois.

Ces derniers, d'après un vieux document que cite Gioffredo, avaient même été frappés d'interdit ecclésiastique, *donec pax facta sit inter comitem et Nicenses* ; d'autre part, quoique aucun document ne nous dise que les rebelles aient cherché l'appui ou l'alliance de Gênes, la chronique de cette ville signale, en 1166, l'armement de quatre galères, *ad destruendos portus Provinciæ, ingressus et regressus eorundem portuum prohibendos* ; cette destruction, ce blocus des ports de Provence démontrent plus qu'un esprit de malveillance : c'est la guerre contre le comte de Provence, c'était donc probablement l'alliance avec Nice.

En 1170, sur la demande des consuls génois, Nice armait une galère qui s'unissait à l'escadre commandée par Ogier Vento[1].

Raimond Bérenger étant mort l'année suivante, nous trouvons à sa place Idelphonse d'Aragon ; celui-ci faisait la paix avec les Génois et, laissant une partie de la Provence sous le gouvernement de Guillaume de Saint-Alban, *sub cujus tuitione et defensione partem Provinciæ commisi*, il retournait en Espagne pour y combattre les Maures, comptant sans doute en finir plus tard avec les Niçois.

1. Pertz. *Mon. Hist. Germ.*, vol. xviii, p. 87

L'alliance conclue en 1165 entre les comtes de Provence et de Toulouse n'ayant produit aucun résultat utile, la guerre éclata en 1174, et nous voyons aussitôt les Génois se ranger dans le camp opposé au comte de Provence et signer avec le comte de Toulouse un traité d'alliance. Ce dernier va jusqu'à leur promettre tout ce qu'il ne possède pas encore et, entre autres choses, Marseille, Hyères, le rocher de Monaco, le château de la Turbie, la moitié de Nice, excepté ce qu'y possède Guillaume Riquieri et ses neveux ; ainsi qu'il résulte de la charte conservée aux archives de Gênes.

Ici se dévoilent clairement les projets des Génois sur Nice : Guillaume Riquieri, que nous avons vu Niçois et sujet des comtes de Provence, est compris dans le pacte signé entre les adversaires de son suzerain, qui établissent en sa faveur un privilège exceptionnel d'une très grave importance ; n'est-ce pas une preuve évidente qu'il devait avoir pris des engagements pour la reddition de Nice ?

Cet acte d'alliance n'eut, il est vrai, aucun résultat et fut suivi de la paix signée entre les deux princes, grâce à l'arbitrage de Hugon Geoffroi, grand maître des Templiers, le 19 avril 1176.

Idelphonse, délivré des préoccupations d'une grosse guerre, marcha sur Nice et, au mois de juin, la ville, par acte fait *in plano iuxta Varum*, reconnaissait son autorité souveraine ; ses consuls échangeaient avec lui le baiser de paix.

Notre ville avait été jusqu'à ce moment sous le pouvoir et l'influence de la famille Riquieri ; car, parmi les consuls qui durent signer l'accord avec le vainqueur, on trouve Pierre Riquieri, premier consul, et Foulque Riquieri, comparant en qualité de témoin.

Ces deux personnages étaient sans doute les neveux

de Guillaume Riquieri, dont il était question dans l'acte d'alliance entre Gênes et le comte de Toulouse : Pierre était déjà qualifié de neveu dans l'acte de vasselage de 1152; quant à Guillaume lui-même, il devait être évidemment trop compromis vis-à-vis du souverain pour intervenir dans un acte de soumission à son autorité : il aura cherché un refuge à Gênes même, où nous allons le voir établi, ainsi que ses enfants.

En effet, quatre ans plus tard, le 30 janvier 1180, les consuls de Gênes faisaient une ordonnance pour défendre à tous les habitants de la ville d'établir des communications à travers la rue de maison à maison, au moyen d'arcades ou de couvertures en bois, afin que les grands seigneurs, en cas d'insurrection, ne pussent se protéger les uns les autres. Les fils de Guillaume Riquieri venaient justement de bâtir une grande tour près de l'église de Saint-Laurent et se trouvaient sous le coup de cette prohibition. Guillaume était déjà mort et ses fils, dont il est question ici, se nommaient Lanfranc, Jourdan et Bertrand.

Lanfranc avait épousé une Génoise de grande famille consulaire, Marie, fille de Othobon de Albericis. En 1182, elle traversait le territoire de Laigueglia, se rendant à Nice; les habitants se saisirent de sa personne : mais telle était l'importance des Riquieri et de ses parents que les consuls de Gênes, ayant eu connaissance de l'*immensum facinus*, firent aussitôt des démarches pour délivrer la jeune femme. Les députés de Laigueglia durent se rendre à Gênes à cet effet et furent retenus prisonniers jusqu'à ce qu'ils eussent cédé à la République leur château et leur territoire, en prêtant serment de fidélité. C'est ce qui résulte des annales génoises.

Nous avons également découvert dans un manuscrit de la bibliothèque municipale de Gênes une autre mention de

Lanfranc. Vers l'année 1192, Pierre, évêque de Nice, devant aller à Rome à cause des graves démêlés qu'il avait avec le monastère de Saint-Pons, a eu recours à lui pour emprunter l'argent nécessaire à son voyage. L'acte original[1] est de la teneur suivante :

Confitetur dominus Petrus Nicensis episcopus se recepisse mutuo a Lanfranco Ricerio libras de Janua L ad opus eundi Romam pro honore ecclesie Niciensis et episcopatus, quas promittit reddere apud festum Pestencoste (sic) *ad annum proximum, et inde ei pignori obligat condaminam que est propre ecclesiam Sancti Torpetis et extenditur usque ad litus maris, sub pena dupli, tali pacto ut habeat, teneat et quietum possideat usque dum foret pagatus ut supra, et usumfructum pro dono habeat, non computando eum in sortem; et possessionem nomine pignoris ei confitetur se tradidisse; et hoc facit consilio domini Wilielmi Rolandi, canonici Niciensis. In ecclesia sancti Georgii, die IIII Martii. Testes: Willelmus de Pallo, Raimundus de Unaldis, dominus Hugo, prior sancti Michaelis, Wilielmus Malcatiatus, Aicardus, canonicus sancti Michaelis*[2].

C'est à ces dépenses de voyage que fait allusion une note du cartulaire de la cathédrale de Nice où il est dit : *L etiam solidos mihi persolverunt monachi in recognitione expensarum quas feci in itinere romano.*

Comme tous les nobles génois, Lanfranc était armateur et nous avons trouvé dans la même collection d'actes notariés la mention d'un autre contrat portant la date du 12 octobre 1191, par lequel il a nolisé à Guillaume de Lodi

1. Le commandeur L. T. Belgrano, docte historien génois, a eu l'extrême amabilité de nous transcrire cet intéressant document des archives d'État.

2. Archives d'État. *Liber Guilielmi Cassinensis a. 1197 in 1206*, cart. 91 2°.

sa propre galère pour faire la course sur les côtes d'Espagne, moyennant la moitié du produit des prises.

On trouve également à cette époque des contrats relatifs à Jourdan Riquieri, son frère ; la première notice qui nous en est fournie est celle du contrat de société en commandite pour 400 livres génoises, signé avec Ogier de Pallo le 7 septembre 1195. Nous avons aussi de lui une quittance par acte public d'une somme de 144 livres, que lui passe Panzanus de Porta le 2 septembre 1198. Cet acte est fait dans le palais Riquieri, *actum in curia dicti Jordani.*

Enfin, nous avons trouvé le testament que Jourdan Riquieri a fait à Gênes le 16 octobre 1198, par lequel il dispose dans cette ville et dans son pays natal de toute sa fortune, en nommant, entre autres légataires, plusieurs personnes de sa famille.

Nous apprenons par ce document d'une grande importance, que dès cette époque reculée la famille Riquieri possédait le fief d'Eze ; il nous donne aussi le nom de sa femme, Richilde ; celui de ses deux frères Lanfranc et Bertrand, dont nous avons déjà parlé et qui sont morts à cette époque ; celui de Pierre et Riquier Riquieri, probablement ses cousins germains, fils de Jourdan Ier.

Il commence par consacrer à la bienfaisance une partie fort considérable de son héritage ; c'est deux mille livres destinées à être distribuées de la manière suivante : à l'église de Saint-Laurent 200 livres, au monastère de Saint-Étienne 200 livres, à l'hôpital de ce même monastère 100 livres, à l'église de Saint-Jean-du-Cap-d'Arène 300 livres, au monastère de Saint-André-de-Sestri 200 livres, au monastère et à l'œuvre du pont inférieur du val de Polcevera 100 livres, à l'église de Sainte-Marie-de-Alenor 100 livres, pour les infirmes du cap du Phare 200 livres, à l'hôpital de Saint-Laurent 100 livres, pour le rachat des captifs 200 livres, comme dot à la fille de Henri Porci 100 livres ; le reste de ladite somme de deux mille livres devra être employé à doter de jeunes orphelines et sera à cet effet mis à la disposition des frères Guillaume et Ogier de Pallo.

Ensuite il lègue à Richilde, sa femme, 100 livres à prendre sur ses biens de Gênes et il lui laisse de plus toutes ses parures, *guarnimenta*. Il lègue à Jeanne, fille de son frère Bertrand, déjà décédé, ses biens de Nice jusqu'à la concurrence de la somme qu'il lui a promise à l'occasion de ses noces, dans le cas où lui-même n'aurait pas d'héritiers mâles ; si cet engagement est valable on lui payera le legs, sinon il ne lègue rien à sa nièce, ne voulant pas qu'elle ait la moindre partie de ses biens de Nice.

Il lègue à Pierre Riquieri ce qu'il possède à Eze et à Richerio ses propriétés à Nice, pour une somme de mille livres.

Comme nous venons de le dire, il doit s'agir ici de ses cousins, car, s'ils étaient ses neveux, il leur aurait donné ce titre, comme il le fait pour Jeanne, sa nièce. Pierre, son légataire, doit être celui qui en 1176 et 1189 signa l'acte de concorde entre Nice et Idelphonse d'Aragon.

Il lègue encore à Pierre et à Riquieri le reste de ses propriétés à Nice, sauf les droits sur ces biens qui appartiennent à Hugues Scoti : mais ses héritiers devront faire construire à Nice un hôpital capable de contenir douze pauvres, en prenant sur ses biens de Nice ce qu'il faudra pour leur entretien : *quod pauperes 12 valeant in eo convenienter vivere.* Cet hôpital sera bâti sur la terre qu'il possède près de la mer : ses dimensions en seront 8 cannes de longueur sur 5 de largeur. Il ordonne l'érection de cet hôpital en décharge du fidéicommis institué par son propre frère Lanfranc.

Sur ce qui reste de sa fortune il fait encore quelques legs en faveur de Guillaume Cigala et de ses frères, de Bernissou et de Baudoin, son frère, de Guillaume, Ogier et Idon de Pallo, qu'il nomme ses exécuteurs testamentaires.

Ont signé comme témoins la plupart des personnes nommées comme légataires. L'acte est passé à Gênes, *in curia domus Guillelmi de Pallo.*

Tel est cet important document qui nous donne une idée très précise de la puissance de la famille Riquieri, de sa fortune, de ses rapports à Gênes, il nous donne un fragment de généalogie et surtout il nous apporte le titre primordial de la fondation de l'hôpital de Nice.

Cet acte, ainsi que la plupart de ceux que nous citons, se trouve aux archives d'État de Gênes, dans les protocoles du notaire Guillaume de Cassine, qui vont de l'année 1191 à l'année 1202.

Nous ajouterons encore à propos de Jourdan IIe, que, malgré ce testament de 1198, il y a tout lieu de croire qu'il a encore vécu quelques années.

On trouve en effet en 1201 Jourdan Riquieri parmi les consuls de Gênes qui, le 6 mai de cette année, envoyèrent une ambassade à Constantinople. Cibrario, dans son traité sur l'économie politique au moyen âge, a donné l'acte qui se rapporte à cet événement, mais en faisant une erreur de deux ans.

Ensuite nous retrouvons en 1203 ce même personnage à Nice, où il exerce la charge de podestat, dans une charte dont une copie authentique se trouve aux archives de Turin : il s'agit d'une convention passée le 3 décembre 1203 entre l'abbé de Saint-Pons et Jourdan Riquieri podestat de Nice, par laquelle on autorise les moines de Saint-Pons à se servir deux fois par semaine des eaux du Paillon pour arroser les jardins de Roquebillière, mais à condition de ne pas causer de préjudice au moulin appartenant audit Riquieri. Ont signé parmi les témoins Guillaume et Raimond Riquieri.

Nous croyons que ces deux documents doivent se rapporter à Jourdan Riquieri, auteur du testament de 1198; il serait du reste impossible de l'identifier avec celui dont parle Gioffredo de 1229 à 1241.

Ce troisième Jourdan, fils de Raimond, d'après un document que nous examinerons, a eu, lui aussi, une notable importance dans notre pays et quelques documents généralement peu connus ou inédits vont nous indiquer les différentes phases de sa vie publique et privée.

Les événements politiques qui agitèrent Nice et le reste de la Provence au commencement du XIIIe siècle furent la réplique du siècle précédent et il en fut de même de la famille Riquieri, qui de nouveau suivit une même ligne de conduite, se détachant des comtes de Provence et tâchant d'entraîner vers Gênes leurs concitoyens de Nice.

En 1189, la révolte de Boniface de Castellane, qui prétendait ne devoir relever que de Dieu et de l'Empereur, avait ébranlé la fidélité de notre ville, portée pour les chefs de la révolte parce qu'une partie des grands seigneurs de nos Alpes étaient liés de parenté avec lui. Idelphonse d'Aragon réussit à tenir tête aux Castellane et à leurs adhérents et obligea les Niçois à signer avec lui un nouvel acte de paix et de concorde ; aussi ici nous trouvons Pierre Riquieri signant le premier, comme consul de la ville.

En 1210, Sanche, comte et marquis de Provence, confirma de nouveau les privilèges de notre ville et nous voyons intervenir encore Guillaume et Raibaud Riquieri.

Les années suivantes, plusieurs petites représailles maritimes sont signalées par Gioffredo entre Nice et les galères des Génois; mais ces derniers, en 1215, déjà maîtres de Vintimille, commencèrent à bâtir Monaco et s'approchèrent ainsi de Nice.

C'est alors que, selon la vieille chronique d'Oggerio Pane, notre ville fit une espèce d'alliance avec Gênes, en se donnant à elle, *ad hostem et cavalcatam faciendam et collectam maris dandam et januensem compagnam iurandam;* elle se serait même engagée, par promesse faite à Obert Spinola, à détruire le château des comtes de Provence.

Raimond Bérenger n'hésita pas à marcher sur Nice pour la réduire à l'ancienne obéissance. Deux partis s'y trouvaient en présence : le parti provençal, que le chroniqueur génois appelle celui des traîtres, avait à sa tête Rostaing Guigonis; le parti génois était dirigé par Badat, Barattieri et Lanfranc Riquieri. C'est bien à tort que le baron Louis Durante, historien niçois aussi fantaisiste qu'ignorant dès qu'il s'agit d'une époque un peu reculée, suppose que le parti des comtes de Provence avait à sa tête Bertrand Sardina et Pierre Caïs, qui se seraient emparés d'une partie de la ville de Nice et l'auraient livrée à Romée de Villeneuve : la première famille n'est venue que plus tard de la Rivière de Gênes dans notre cité ; de la seconde famille aucun personnage n'est nommé de 1157 à 1250 dans aucun acte des archives publiques et privées qu'a pu voir Gioffredo.

Nous savons d'une manière sûre qu'à l'approche du danger les partisans de la République s'adressèrent à celle-ci pour avoir du secours ; mais Gênes n'envoya que quelques galères sous les ordres de l'amiral Othobon Mallone : secours tellement insuffisant que Nice n'eut plus qu'à se rendre à la merci du comte de Provence.

Le 9 du mois de novembre 1229, elle recevait une nouvelle confirmation de ses vieux privilèges, et, encore cette fois, le premier nom qui se trouve parmi les signataires de cet acte, est celui d'un Riquieri, Guillaume; nous trouvons ensuite celui de Jourdan; c'est à eux, dont la conduite équivoque aura peut-être été observée par le comte de Provence, que se rapporte une phrase de cette concession de privilèges, *illis quos amicos reputamus;* c'était un avertissement qui leur était donné de marcher dorénavant dans la droite voie. Quant à Lanfranc Riquieri, plus compromis, il n'avait pas osé se présenter au vainqueur et s'était sans doute sauvé à Gênes sur les galères de la République.

En lisant cette charte de franchise octroyée par le comte de Provence à notre ville, on serait porté à croire, d'après les expressions qu'elle contient et les noms des personnages qui s'y trouvent, que tout esprit de rébellion était désormais vaincu et que les Niçois, une fois désarmés par la clémence plutôt que par la sévérité du suzerain, seraient redevenus de fidèles sujets. Les historiens les plus connus, Gioffredo même, n'ont signalé aucune tentative de réaction de la part de la faction génoise; pourtant deux documents prouvent qu'en cette même année les Riquieri, à la tête d'un grand nombre de leurs partisans, tentèrent un coup d'audace en donnant la ville à la République de Gênes.

Cet acte de cession, ignoré par notre grand historien, fait partie du *Liber iurium* de la République de Gênes et porte la date du 11 décembre 1229. On le voit, c'est un mois à peine après la charte des privilèges !

Cette reddition est faite au podestat de Gênes Jacques Baudoin, qui avait effectivement cette charge en cette année. Il accepte au nom de la commune de Gênes..... *dominium et segnoriam et potestatem totius civitatis Nicie, ita ut comune Janue ipsam civitatem Nicie de cetero habeat... tanquam suam propriam in perpetuo et in ipsa possit facere voluntatem sine contradictione nostra et omnium pro nobis, et in fide et in protectione et custodia Dei et comunis Janue, nos et omnia bona nostra et totam civitatem Nicie ponimus : et hec omnia supradicta singula et universa, predicti consules et universi predicti consiliatores attendere... iuraverunt etc.* Les consuls de Nice sont : Foulque Badat et Raimond Aldebrandi ; parmi les conseillers signataires de la reddition, nous signalerons de la famille Riquieri, Lanfranc, Jourdan, fils de Raimond, Jacques et Bertrand. L'acte se passe dans la maison de Raimbald Barattieri et par-devant le notaire Nicolas Pierre Bacechi.

Il serait très important de savoir si cet acte s'est passé sur le territoire génois ou à Nice. L'avocat Pierre Datta, qui, dans son excellent ouvrage *Delle libertà del comune di Nizza*, avait déjà signalé ce document, croit qu'il a été fait hors du territoire de notre ville à cause du nom du notaire et peut-être à cause de la maison où l'acte a été rédigé. Mais nous observons que la famille Barattieri, quoique génoise, habitait aussi Nice à cette époque ; la femme de Jourdan Riquieri était de cette famille. Un document des archives de Gênes le qualifie de *filius domini Willielmi, civis Nicie ;* sa fille doit épouser un des fils de Simon Vento ; un autre fils de Simon Vento doit épouser Douce, fille de Milon Badat ; Emmanuel, comte de Vintimille, est témoin.

Ce même Barattieri est celui que la chronique génoise indique comme un des trois chefs du parti génois à Nice ; quant au notaire qui a rédigé cet acte, nous avons eu la bonne chance de trouver à Nice même un document de 1280, passé par-devant le notaire Pierre Bazechi. Tout porte donc à croire que ce nouvel acte de rébellion, cette reddition si catégorique a été faite dans notre ville même, aussitôt après que Raimond Bérenger eut repassé le Var.

Celui-ci dut aussitôt retourner sur ses pas avec son armée pour en tirer vengeance et nous avons trouvé en effet une liste originale des rebelles qui sont bannis, *forestati*, par le comte de Provence : ce sont Jourdan Riquieri, les fils de Lanfranc Riquieri, Guillaume Riquieri d'Eze et ses frères, Bertrand d'Eze et ses frères, Aldebert et Pierre Bermond, Raibaud Barattieri, Augier Badat et son fils, ainsi que Douce sa sœur, Guillaume Badat et son fils, Foulque et Paul Raybaud, Pons et Paul Solaro, Raimond et Pierre Primairand, Rostaing Badat, Guillaume de Bermond et son fils, Raimond Raibaud, Obert du Puget.

En ayant aussi trouvé ailleurs dans une note authentique la mention de la confiscation des biens prononcée contre Bertrand Riquieri, seigneur de Contes par Pierre Bota, juge du comte de Provence, nous supposons que c'est ce même juge qui prononça contre tous ces conjurés la sentence de bannissement.

Cette note que nous citons est de la plus haute importance pour cette période de l'histoire de Nice, car elle est la confirmation du document de reddition contenu dans le *Liber iurium* de Gênes, puisqu'on voit presque les mêmes noms parmi les conjurés et parmi les exilés ; elle a aussi de l'importance sous un point de vue tout particulier, car nous y trouvons expliqué comment Jourdan Riquieri, qui avait signé la paix avec le comte de Provence en 1229, a eu l'année suivante ses biens confisqués et transmis à Romée de Villeneuve : *quiquid Jordanus Richerius quondam habuit vel possedit vel quasi in civitate Nicie... tibi donamus.*

Voilà encore cette fois-ci la famille Riquieri exilée en masse de la ville de Nice et en première ligne Jourdan Riquieri, que le document du *Liber iurium* qualifie de fils de Raimond.

Il a dû être reçu à bras ouverts par les Gênois, puisque, en 1231, nous le trouvons parmi les huit conseillers nobles de la République, charge qu'il avait déjà occupée en 1223.

Gioffredo nous parle encore de lui et, dans le *Nicea Civitas*, il a conservé l'acte de donation daté de Gênes, improprement appelé testament de Jourdan Riquieri, par lequel celui-ci donne aux frères prêcheurs d'Avignon 4 setérées de terre à côté de la rue Séléya, emplacement où ces religieux bâtirent l'église de Saint-Dominique. Est témoin Jacques de Modetia, prieur des frères prêcheurs de Gênes, qu'un document des archives de Gênes qualifie de *filius quondam Johannis de Arcut*, en 1229.

Nous observerons à ce propos que Gioffredo, dans le *Nicea Civitas*, fixe pour date de cette donation l'année 1243, tandis que, dans l'histoire des Alpes-Maritimes, il croit avoir mal lu et corrige le chiffre en écrivant 1233; mais l'indiction quinzième qu'il indique nous ferait croire que ces deux dates sont erronées et qu'il faut l'établir en 1227 ou mieux en 1242 : en effet, à cette première époque, Lanfranc, frère de Riquieri, vivait encore, tandis que, dans le document, il est question de lui comme étant déjà mort.

Ajoutons encore que Gioffredo, ayant fixé cette donation à l'année 1233, se trouve embarrassé, parce que, à cette époque, les biens de Jourdan ayant été cédés à Romée de Villeneuve, il ne devait pas pouvoir en disposer; il se tire d'embarras par les paroles suivantes : *non pare che la donazione fatta da detto conte a Romeo di Villanova, sortisse il suo effetto in riguardo dei beni già posseduti in Nizza da Giordano Richieri.* En transportant au contraire, comme nous le faisons, la date à l'année 1242, tout peut s'expliquer aisément. En effet, Jourdan Riquieri en 1241 doit être rentré en possession de tous ses biens, grâce au traité signé alors entre le comte de Provence et les Génois, puisque ceux-ci exigèrent que les droits que Jourdan Riquieri avait sur Eze lui fussent reconnus et que pour les biens de Nice deux arbitres dussent en fixer la valeur. L'histoire ne le dit pas, c'est vrai, mais il est très probable que le comte de Provence se soit laissé fléchir et qu'il ait rendu effectivement à Riquieri ses biens et ses bonnes grâces.

Quelques détails nous sont encore connus sur la parenté de Jourdan III. Sa femme devait être de la famille Barattieri, car, d'après un manuscrit que nous possédons, son portrait existait encore, au siècle passé, dans la grande salle du chapitre du couvent de Saint-Dominique : au bas de ce portrait se voyaient les armoiries de ces deux familles dont notre chroniqueur a conservé le dessin.

D'après une note insérée par Gioffredo dans son manuscrit original de l'histoire des Alpes-Maritimes, la femme de Jourdan Riquieri s'appelait Mateuda : il cite son testament fait à Nice en 1283 : nous y apprenons que sa fille Jourdaine est mariée à Bertrand Caïs et que celle-ci dans son testament du 29 décembre 1303 demande d'être ensevelie dans les cloîtres du couvent des frères prêcheurs de Nice, fondé par son père.

L'histoire des Alpes-Maritimes nous apprend aussi que, le 8 octobre 1239, Aude Riquieri, femme de François Grimaldi, a fait son testament, dans lequel elle demande d'être ensevelie *in cimiterio Sancti Francisci dominarum monialium di Nicia.*

Jourdan Riquieri doit avoir vécu jusqu'après 1251, car nous avons trouvé à Gênes la mention d'un acte de cette année, par lequel Jacques Riquieri et Ogier de Volta sont nommés arbitres : l'acte se passe *sub porticu Jordani Richerii.*

En 1257, Simon Boccanegra, capitaine du peuple génois,

établit le siège du gouvernement dans le palais de Jourdan Riquieri.

Vers la moitié du XIIIe siècle quelques membres de la famille doivent être rentrés à Nice. Le comte de Provence aura amnistié les moins coupables ou du moins il aura accueilli avec plus d'indulgence leurs enfants. En 1250, Pierre et Guillaume sont cités parmi les citoyens de Nice qui, sous le prétexte d'anciens privilèges, refusent de se soumettre aux taxes qui dans certains cas étaient dues par les habitants. Depuis cette époque on les voit prenant part aux services publics et possédant différents fiefs.

Le domaine féodal le plus ancien de la famille est celui d'Eze : nous l'avons vu par le testament de 1198.

Vers 1229 Bertrand acheta celui de Contes appartenant à Guillaume de Baux; mais, à la suite de son bannissement, ce fief devint le partage du souverain qui, quatre ans plus tard, le céda aux seigneurs de Châteauneuf.

Au retour de l'exil on trouve Pierre et Guillaume, ainsi que Jacques, leur frère, possesseurs de Levens; aussi, en 1251, des contestations s'étant élevées au sujet des limites de ce dernier fief et de celui d'Aspremont, que la famille Chabaudi avait acquis depuis peu, le comte d'Anjou chargea Tournefort de Lantosque et Bertrand Geoffroi d'en fixer les confins; en 1252, le 22 octobre, ces mêmes arbitres établirent les limites entre Levens et la Roquette du Var, fief de la famille Bérenger.

Nous avons trouvé aussi les Riquieri, seigneurs de Roquesparvière : en 1271, Pierre, Jean et Antelme Riquieri prêtent hommage au comte de Provence pour ce fief et pour celui de Levens.

En 1300, Gioffredo cite la mort de Jacques Riquieri seigneur d'Eze et de Levens. Ils eurent part vers cette époque à la seigneurie de Menton; c'est ce qui résulte de la convention faite en 1316, au sujet de cette juridiction, entre Brunorio et Jacques Riquieri, fils de Jean, coseigneurs d'Eze, et les autres coseigneurs de ce lieu, les comtes de Vintimille, les Vento et les Doria.

En 1321, Jacques Riquieri échange avec Pierre Riquieri le jeune une partie de ses droits sur Villefranche contre ceux de Levens.

En 1331, nous avons trouvé Brunorio et Martin Riquieri coseigneurs d'Eze.

En 1384, Hugues Riquieri, rebelle au roi Charles, se vit dépossédé des deux parts du fief de Levens qui lui appartenaient et qui furent cédées à Jean Grimaldi de Beuil; nous trouvons au contraire en 1387 un Guillaume partisan de Ladislas et parmi les suivants de Jean Grimaldi.

En 1391, Honoré Riquieri, coseigneur de Tourrette, prête hommage au nouveau souverain, le comte de Savoie : il est témoin en 1423 dans l'acte de vente du quart de Peillon par Pierre Grimaldi à la famille Chabaudi.

Peu d'années après, nous trouvons les Riquieri possédant les seigneuries de Mérindol, du château de Laguet et de la troisième partie du fief de Drap ; nous n'avons pas pu trouver l'origine de cette juridiction, mais, en 1414, Bertrand Riquieri, ainsi que Raimond et Antoine Blacas, coseigneurs d'Eze, la vendirent à la cour ducale. Ce Bertrand Riquieri avait épousé Andréine Chabaudi, fille d'Antoine, d'après le testament de ce dernier qui porte la date du 2 juillet 1430. Son fils Pierre fut capitaine de la viguerie du comté de Vintimille et val de Lantosque en 1483. Un autre Bertrand, probablement son petit-fils, a fait son testament le 8 juin 1504; nous apprenons par cet acte les noms de ses trois fils : Ludovic, Barthélemy et François, fameux jurisconsulte et professeur de droit à Avignon. Ces trois frères étant morts sans enfants, leurs biens passèrent à Philippine, leur sœur, mariée à Honorat Grimaldi ; de ce mariage naquit une fille unique, mariée au comte Michel-Ange Lascaris. De nouveau, ce mariage étant resté sans postérité, toute la fortune des Riquieri, par suite du fidéicommis institué par Bertrand Riquieri en 1504, passa à Louis Galléan, leur cousin, qui prit le nom et les armes des Riquieri.

C'est de cette façon que s'est éteinte à Nice cette puissante famille des Riquieri.

Nous l'avons vue d'abord hostile aux comtes de Provence et favorable à la République de Gênes; mais, à l'avènement de la branche d'Anjou ils en suivirent fidèlement les destinées. Nous les trouvons surtout à la tête de l'administration consulaire de Nice, qu'ils dirigent avec une grande autorité. C'est ainsi qu'en 1274 Pierre Riquieri intervient dans la publication des statuts de la ville; en 1287 Riquier Riquieri est un des syndics chargés par la ville d'acheter de la famille Gras le droit de *centregaria ;* en 1301, dans le traité fait par Charles d'Anjou et les Génois au sujet des Guelfes de Monaco, Jean Riquieri, qualifié de vassal du roi et de citoyen de Gênes, obtient de cette ville d'être rayé de l'exil auquel on l'avait condamné; Brunorio, en 1316, reçoit la charge de gentilhomme du roi Robert, d'après les lettres mêmes du roi que nous a conservées Gioffredo ; en 1352, Jacques, surnommé le Nain, est envoyé par la ville de Nice à la reine Jeanne pour protester contre certains abus que commettaient ses officiers et pour lui demander de renoncer à l'idée qu'elle avait de la cession de Nice. En 1356, Guillaume est un des consuls de notre ville.

On voit, par le rapide coup d'œil, que, dans ces quelques pages, nous avons donné à la famille Riquieri l'importance qu'elle a eue dans notre pays par ses fiefs, par ses charges et par l'influence que pendant plusieurs siècles elle a gardé sur ses concitoyens.

DOCUMENT

—

Liber Wilielmi Cassinensis notarii, a. 1191 in 1206, fol. 116

Ego Jordanus Richerius, contemplatione ultime voluntatis rebus meis disponere cupiens, pro redemptione anime mee libras denarorium Janue duo millia iudico, quorum decimam operi ecclesie S. Laurentii; et libras ducentum monasterio S. Stephani, que tribuantur in emere terram eidem monasterio, pro qua terra monaci ipsius monasterii teneantur in perpetuum annuatim facere unum anniversarium pro anime mee et patris ac matris mee remedio; et ecclesie S.... libras denariorum Janue quinquaginta que tribuantur pro emere terram eidem ecclesie; et ospitali monasterii S. Stephani libras denarorium Janue centum, que tribuantur pro emere terram eidem hospitali; et e[cclesie] S. Joannis de Janua de Capite Arene libras denariorum Janue CCC, que tribuantur pro emere terram [eidem] hospitali; et monasterio S. Andree de Sexto libras denariorum Janue CC, que tribuantur pro emere [terram eidem] monasterio; et operi pontis sotani de Val de Pulcifera libras denariorum Janue C; et congregationi ecclesie S. Marie de Alenor libras denarorium Janue centum, que tribuantur pro emere terram eidem congregationi; et infirmis de Capite Fari libras denariorum Janue CCC, que tribuantur in emere terram eis infirmis; et ospitali S. Laurentii libras C, que tribuantur in emere terram eidem hospitali; et in redemptione captivorum libras denariorum Janue CC; et in maritatione filie quondam Enrici Porci libras denariorum Janue centum; residuum tribuatur ad maritationem orfanorum et in disposicione et ordinamento Willielmi de Pallo et

Ogerii eius fratris. Et omnes predictas libras duo millia, atque omnes rationes uxoris mee Richelde persolvantur de meo mobile, et residuum de meo mobile tribuatur pro anime meo remedio in dispositione et voluntate predicti Willielmi de Pallo et fratris ejus Ogerii, de quo tribuatur decimum operi ecclesie S. Laurentii. Et lego Joanne, nepti mee, filie quondam fratris mei Bertramis, tantum de meo posse quod habeo in Nicia, quod ipsa sit solupta de eis libris quibus feci ei instrumentum, si ego decederem absque filio herede ; sub hac condictione illud sibi lego, si valet illud quod feci ; si autem non valet, nihil ei lego, nec volo quod de meo aliquid habeat in iam dicto posse de Nicia. Item et Richierio, vel eius heredi, lego tantum de meo posse de Nicia, ubi voluerit, quod valeat per iustum adpretiatum libras denarorium Janue mille. Residuum de eo posse meo de Nicia lego Petro Richerio atque Richerio vel eorum heredibus equaliter inter eos, salvis rationibus heredis Hugonis Scoti in eo posse. Et tali modo et ea conditione hoc, predicto Petro Richerio atque Richerio lego quod per fideicommissum teneantur facere et faciant ospitale in iam dicto posse de Nicia, prope mare, super terram meam, in longitudine longum canellas VIII et largum canellas V, et quod ipsum ospitale habeat tantum de meo posse de Nicia quod pauperes XII valeant in eo convenienter vivere. Ideo hoc hospitale constituendi et faciendi dispono, quia frater meus Lanfrancus mei fidei comixit quod iam dictum hospitale lego hospitali S. Johannis de Capite Arene, quod est prope civitatem Janue. Item et de meo posse, quod habeo in Janua, lego Alde nepotis mee, filie quondam sororis mee, tantum ubi voluerit Willielmus de Pallo et frater ejus Ogerius, quod bene valeat per iustum adpretiatum librarum denariorum Janue CCCC. Item de iam dicto posse quod habeo in Janua lego Willielmo, filio Enrici Cicale, tantum ubi similiter voluerit Willielmus de Pallo et Ogerius frater ejus, quod valeat per instum adpretiatum libras CC. Item de eodem posse lego aliis filiis Enrici Cicale tantum ubi voluerint Willielmus et Ogerius predicti, quod valeat per iustum adpretiatum libras C. Item et de eodem posse lego Berniciono et Baldoino fratribus equaliter, tantum ubi voluerint Willelmus de Pallo et eius frater, quod valeat libras CC per iustum adpretiatum. Et uxori mee Richelde, lego supra suas rationes omnia sua guarnimenta et tantum de iam dicto posse quod habeo in Janua, ubi voluerint Willielmus de Pallo et ejus frater, quod valeat per iustum adpretiatum libras C. Et Idoni de Pallo iudico tantum de iam dicto posse, ubi voluerint dare Willielmus et ejus frater, quod valeat per iustum adpretiatum libras C. Janue. Item Baalardo de Pallo iudico similiter tantum ubi voluerint Willielmus de Pallo et ejus frater, quod valeat per iustum adpretiatum libras C. Totum aliud posse meum de Janua lego equaliter Willielmo de Pallo et ejus fratri Ogerio, vel eorum heredibus, et volo quod ipsi Willielmus et Ogerius habeant licentiam persolvendi in denariis predictos legatarios, quibus lego de posse meo de Janua, si voluerint dare et retinere posse, et in eorum voluntate sit dandi denarios pro retinere posse a quo voluerint. Hec est mea ultima voluntas, que si non valet vi testamenti, saltem vim codicillorum obtineat.

Actum Janue, in curia, in domo predicti Willielmi de Pallo.

Testes Ido de Pallo, Bernardus Brunus, Raimundus Unaudus, Oto de Caneto, Raimondus de Pallo, Bartholomeus filius Baldi Bancherii, Enricus Cicala, Baalardus de Pallo. MCLXXXXVIII indictione prima. XVI die intrantis Octubris.

Nice — Imp. Malvano-Mignon, rue Gioffredo, 62.

Nice. — Imprimerie Malvano-Mignon, rue Gioffredo, 62.

www.ingramcontent.com/pod-product-compliance
Ingram Content Group UK Ltd.
Pitfield, Milton Keynes, MK11 3LW, UK
UKHW020512180726
13839UKWH00005B/2044